AF356409

ALLOCUTION

PRONONCÉE

EN L'ÉGLISE DE SAINTE-CLOTILDE, A PARIS

le 23 mai 1887

Par M. L'ABBÉ GARDEY

CURÉ DE CETTE PAROISSE

A L'OCCASION DU MARIAGE

DE

M. LE COMTE GUY DE BREMOND D'ARS

ET DE

Mlle MADELEINE DE LA BOUILLERIE

ALLOCUTION

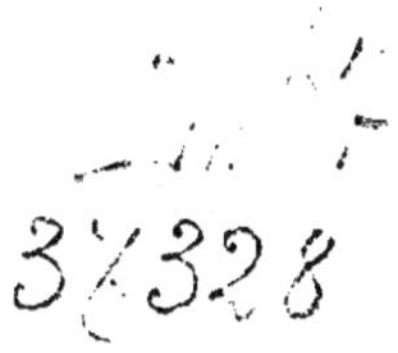

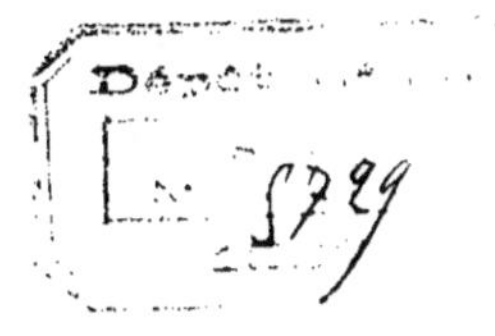

Monsieur, Mademoiselle,

Si la mort n'était intervenue, il y aurait ici, à ma place, pour vous bénir, un Évêque, resté cher à l'Église de France, dont le cœur possédait tous les secrets de la piété chrétienne, tandis que sa plume fertile traitait les sujets les plus divers de la Doctrine; une gloire de votre famille, Mademoiselle; aussi tendrement aimé des siens qu'il en était vénéré; mêlé à leurs joies ainsi qu'à leurs douleurs; bénissant chacun de leurs berceaux et aussi, hélas! chacune de leurs tombes, consacrant leurs alliances divines aussi bien que leurs alliances humaines (car c'est l'habitude du bon Dieu de se réserver parmi les vôtres des servantes et des serviteurs de ses

autels); évêque enfin de ce petit diocèse des la Bouillerie, comme il se plaisait à vous appeler, où il ne
rencontrait pas de dissidents, mais des fidèles, una-
nimes dans leur soumission et heureux de vivre sous
sa houlette bien-aimée.

Comment, ayant à remplir auprès de vous un
ministère dont Monseigneur de la Bouillerie se fût
acquitté avec une affection égale à son autorité, ne
me serais-je pas abrité sous son nom? Et comment
ne placerais-je pas sous la protection de son sou-
venir les conseils que je dois à votre piété et à votre
nouvel état?

Je voudrais vous parler, mes enfants, de la douceur du mariage chrétien.

Quoi de plus doux, en effet, que de s'aimer à
deux et pour toujours; de mettre tout en commun,
les joies et les peines, les choses divines et les choses
humaines, et, s'appuyant sur Dieu, de s'élever
ensemble et de se sanctifier l'un par l'autre?

Telles sont les hauteurs où du premier coup montent les époux chrétiens ; et, quand ils y sont parvenus, ils y goûtent une telle paix, qu'ils ne veulent plus en descendre.

S'aimer à deux ! Mais pourquoi laisseraient-ils à d'autres ce privilége ? N'est-il pas leur premier devoir, la source et la garantie de leur bonheur ? N'est-ce pas à eux que s'adresse la forte et antique parole : « Ils seront deux dans une même chair ? »

Donc, plus de place dans leur cœur pour des amours étrangères ou successives. Leur amour est une fontaine scellée, où celui-là seul peut descendre que la main de Dieu y a introduit.

Et pourquoi s'aimeraient-ils moins, parce que, obéissant à la recommandation de saint Paul, ils s'aiment en Jésus-Christ ? Depuis quand Jésus-Christ tarit-il les sentiments dont il a ouvert, au plus profond de nous-mêmes, la source mystérieuse ?

Non, Notre-Seigneur Jésus-Christ ne détruit aucun

de nos sentiments légitimes, et s'il intervient dans les noces humaines, ce n'est que pour y ajouter, dans une pureté plus parfaite, une tendresse et une force de plus. Par-dessus tout, Jésus-Christ préserve l'affection conjugale de l'altération des années. Indubitablement condamné à périr s'il ne reposait que sur le sentiment ou la beauté, l'amour des époux devient immortel s'il s'appuie sur la force même de Jésus-Christ. En lui communiquant la vertu du sacrement, le divin Sauveur se glisse lui-même entre leurs cœurs avec son immortelle beauté, et l'on voit se lever sur leur front, comme sur leur bonheur, une lumière qui ne s'éteindra plus.

S'aimer toujours, s'aimer saintement, s'aimer uniquement : n'est-ce pas tout le bonheur? Or, ce bonheur, je l'affirme, est au pouvoir des seuls chrétiens.

Tout le reste suit de là.

Quoi de plus simple, en effet, quand on s'aime de

la sorte, de mettre tout en commun, je ne dis pas seulement les intérêts (ce n'est que la part secondaire du mariage), mais les joies et les peines, les travaux et les conseils, les pensées et les sentiments, tout, jusqu'à son âme et les mouvements supérieurs qui la gouvernent? Comprenez-vous la douceur d'une pareille intimité?

Voyez ces deux époux. Ils ont l'un dans l'autre la plus entière confiance; ils s'inspirent l'un à l'autre la sécurité, chose rare! Entre eux, point de secrets. Entre leur affection, rien d'étranger. Leur âme est comme un livre ouvert, où chacun peut lire ce qu'il y a d'écrit.

Leurs obligations sont différentes sans doute, et cette différence résulte du rôle distinct dévolu à chacun d'eux; mais leur sollicitude est égale. Ils sont sensibles, aux mêmes points de leur cœur. Rien de ce qui touche l'un n'est indifférent à l'autre. L'épouse suit, d'un œil attentif, la carrière publique de son époux, et sait, au besoin, lui en signaler les écueils. L'époux, de son côté, regarde avec soin au gouvernement intérieur de la maison, et se montre reconnaissant de l'ordre et de la dignité qui y règnent.

Ils ne connaissent point, ni l'un ni l'autre, de meilleures heures que celles passées ensemble, en des conversations qui se prolongent. Si le devoir les y oblige, ils ne négligent pas d'aller dans le monde; mais ils savent le quitter, leur devoir accompli, pressés qu'ils sont de revenir à leur foyer, comme au lieu natal de leur bonheur.

L'éducation des enfants, fruit de leur tendresse, devient le principal objet de leur sollicitude. Ils n'estiment rien de plus nécessaire que de les élever dans la crainte et l'amour de Dieu. Ils regarderaient comme une trahison de ne point mettre les principes chrétiens parmi les assises mêmes de ce cher avenir.

Quoi de plus, enfin? Sachant que leur sanctification mutuelle est une des fins du mariage, ils s'y appliquent d'un soin jaloux. Ils ne craignent pas, obéissant à je ne sais quelle réserve trop commune, de s'entretenir de leur âme, de ses besoins, de ses désirs, de ses généreux mouvements, et, s'il le faut, de ses difficultés. Entre tous les offices de la vie conjugale, ils n'en connaissent point de plus propre à cimenter leur union, ni qui soit la source de plus pures tendresses. Ils prient ensemble, ils adorent ensemble, ils s'encouragent et se soutiennent, et, répandant sur les pauvres le superflu de leur fortune, ils en font comme la rançon de leur bonheur.

Quelle douceur dans cette vie! Quelle vivacité, quelle intensité de sentiments dans des cœurs ainsi soutenus par la grâce divine! Tout y prend une force et une joie extraordinaires.

Est-ce un tableau réel ou chimérique que je viens de tracer? La vie conjugale, telle que j'ai essayé de la dépeindre, existe-t-elle en réalité? Ou n'est-ce là qu'un de ces rêves où se complaît l'imagination? Je l'avoue avec tristesse, ils sont rares, les foyers où fleurissent de telles mœurs. Mais ils existent. J'en connais. Vous en avez vu, mes enfants, tout près de vous. Le vôtre sera ainsi, par la grâce de Dieu.

Votre compagne, Monsieur, est toute prête à ces sentiments. Elle vous suivra aussi haut que vous voudrez. Rien n'égale sa générosité, que sa droiture et sa simplicité. Vous avez pu apprécier déjà le charme de cette nature aimante et confiante. Laissez-moi vous le dire, vos premières impressions ne seront pas détruites par ce que vous découvrirez plus tard. Elle vous dira, Monsieur, à qui elle doit la culture de ses heureux dons; ou plutôt tout s'est expliqué pour vous auprès de cette famille, ou les pères pratiquent, les premiers, les enseignements donnés par eux à leurs enfants, faisant de la loi divine la règle de toutes leurs actions, et servant si bien la cause de Dieu qu'on les trouve au premier rang pour servir sous toutes les formes et de toutes les manières la cause de leur pays. Certes, Monsieur, quand je vois entrer dans votre maison l'Innocence et la Piété escortées de pareils exemples, j'ose féliciter votre sort et vous recommander de recevoir avec respect ce gage précieux de la paix de vos jours.

Quant à vous, mon enfant, recevez avec confiance la main de celui que Dieu réservait à votre jeunesse pour lui servir de protecteur et à votre vie pour la rendre heureuse.

Comme vous, il appartient à une de ces familles où l'honneur et la fidélité sont héréditaires. Cette hérédité remonte loin ; elle se confond presque avec nos origines nationales. Un Bremond d'Ars était à Tunis auprès de saint Louis. N'y en avait-il pas un autre auprès de Charlemagne, dont le grand empereur avait fait son confident? Et depuis cette époque lointaine, à travers notre histoire, les d'Ars sont partout, mêlés à tous les services publics, chacun ajoutant par ses propres mérites à l'honneur de sa race.

Les traditions de fidélité et d'honneur que vous apportez à votre époux, Mademoiselle, sont en bonnes mains, comme vous voyez. Quant à lui, il a changé l'épée de ses aïeux pour un autre instrument de combat : tout jeune encore, il a pris une plume, et il s'en est bien servi, puisqu'il a obtenu le plus difficile et le plus apprécié des suffrages.

Vous continuerez, Monsieur, à bien penser et à bien écrire. Vous lutterez contre les erreurs de notre temps, vous rendrez à l'histoire sa vérité ; et, ce faisant, vous serez utile à votre pays ; et vos ancêtres les plus difficiles trouveront que vous avez bien mérité de leur nom.

J'aurais fini, si je n'avais, mon enfant, à répondre à une douloureuse préoccupation de votre cœur... Apprenez-le aujourd'hui : il n'y a pas de pure fête ici-bas. Il y a une place vide à côté de vous.

Avec quelle joie pour *Elle* et pour tous elle eût été occupée!... Mais, n'en doutez pas, votre mère est ici, elle se réjouit de voir ses vœux s'accomplir, elle vous bénit tous les deux, elle prie pour vous, elle vous obtiendra le bonheur que vous méritez.

Et maintenant j'ai fini. Sous le regard de Dieu et des anges, en face de l'Église et de ses prêtres, devant vos parents et vos nombreux amis, vous allez vous lever, et, la main dans la main, prononcer de bouche et de cœur le serment inviolable d'être à jamais unis l'un à l'autre et tous deux à Dieu.

PARIS

TYPOGRAPHIE DE E. PLON, NOURRIT ET Cⁱᵉ

RUE GARANCIÈRE, 8.

PARIS

TYPOGRAPHIE DE E. PLON, NOURRIT ET Cⁱᵉ

RUE GARANCIÈRE, 8.